Auf einen Blick

Grammatik DEUTSCH

Topaktuell entspricht den geltenden Rechtschreibregeln

Substantiv / Nomen

Substantive bezeichnen Konkreta (Lebewesen und Gegenstände), Abstrakta (Gedachtes und Vorgestelltes) und Eigennamen (Namen für Lebewesen und Dinge, die es nur einmal gibt).

Substantive werden immer großgeschrieben. Außerdem haben sie noch drei wichtige Merkmale:

1. Genus: erkennbar an den bestimmten Artikeln *der Vater, die Mutter, das Kind*
2. Numerus: Singular oder Plural *die Familie – die Familien*
3. Kasus: Substantive werden dekliniert *der Opa, den Opa, dem Opa, des Opas*

Genus des Substantivs

Die deutsche Sprache kennt drei grammatische Geschlechter: Maskulinum, Femininum und Neutrum. Außer bei Personen ist es schwer, das Genus des Substantivs zu bestimmen.

männliche Person	weibliche Person
der Sohn	*die Tochter*
der Bruder	*die Schwester*
der Mann	*die Frau*
der Junge	*das Mädchen**

* Hier stimmt die Regel leider nicht. Sexus und Genus sind nicht identisch (*das Mädchen:* Sexus = weiblich, Genus = Neutrum). Manchmal ist der Sexus auch unbestimmt (*das Kind, die Person*).

Genusbestimmung mithilfe von Suffixen

Außer bei den Personen gibt es keine festen Regeln, warum ein Substantiv mit *der, die* oder *das* verbunden ist. Es gibt aber ein paar Suffixe, an denen man den Genus vieler Substantive erkennen kann.

Feminin sind alle Substantive auf:

-heit, -keit	*die Schönheit, die Sauberkeit*
-ung, -schaft	*die Vertretung, die Grafschaft*
-tät, -tion	*die Universität, die Information*
-ei, -ur	*die Metzgerei, die Frisur*
-in, -frau	*die Ärztin, die Bankkauffrau*

Neutral sind alle Substantive auf:

-chen und *-lein*	*das Mäuschen, das Büblein*
-nis, -ment	*das Zeugnis, das Testament*
-um, -tum	*das Zentrum, das Eigentum*
alle substantivierten Verben und Adjektive	*das Arbeiten, das Ruhen* *das Gute, das Böse*

Numerus des Substantivs

Die meisten Substantive haben einen Singular und einen Plural (*das Buch – die Bücher*).

Manche Substantive kommen nur im **Singular** vor, weil man sie nicht zählen kann.

1. Abstrakta: *die Geduld, der Fleiß, der Mut, das Geld, die Jugend, das Alter, das Glück, die Liebe*
2. Stoffbezeichnungen: *die Milch, die Butter, der Kaffee, der Tee, das Gold, der Regen, das Leder*
3. Kollektiva: *das Geschirr, das Gepäck, das Obst, die Polizei, das Getreide, die Verwandtschaft*
4. Substantivierte Infinitive: *das Laufen, das Lernen*
5. Mengen und Maße: *500 g Wurst, 2 m Stoff*

Andere Substantive gibt es nur im **Plural**.

1. Personengruppen: *die Eltern, die Leute*
2. geografische Bezeichnungen: *die Alpen, die Anden, die USA, die Niederlande*
3. und ein paar weitere Substantive: *die Leute, die Einkünfte, die Ferien, die Kosten*

Typen der Pluralbildung

Typ 1:	Singular	Plural	
-e (oft mit Umlaut)	*das Fest* *der Brief* *der Frosch*	*die Fest**e*** *die Brief**e*** *die Fr**ö**sch**e***	viele einsilbige Substantive
	die Luft *die Braut*	*die L**ü**ft**e*** *die Br**ä**ut**e***	Feminina mit Umlaut
	der Liebling	*die Liebling**e***	Substantive • auf *-ling*
	der König	*die König**e***	• auf *-ig*
	der Teppich	*die Teppich**e***	• auf *-ich*
! + s	*das Geheimnis*	*die Geheimnis**se***	Neutra • auf *-nis*
Typ 2:	Singular	Plural	
-n (ohne Umlaut)	*die Feder* *die Regel*	*die Feder**n*** *die Regel**n***	die meisten Feminina • auf *-er, -el*
	die Seife *der Junge* *das Auge*	*die Seife**n*** *die Junge**n*** *die Auge**n***	Feminina, Maskulina u. Neutra auf *-e*
-en	*die Tat* *das Bett*	*die Tat**en*** *die Bett**en***	bei Wortendung auf Konsonant
	die Bäckerei	*die Bäckerei**en***	alle Feminina • auf *-ei*
	die Freiheit	*die Freiheit**en***	• auf *-heit*
	die Ewigkeit	*die Ewigkeit**en***	• auf *-keit*
	die Herrschaft	*die Herrschaft**en***	• auf *-schaft*
	die Übung	*die Übung**en***	• auf *-ung*
! + n	*die Freundin*	*die Freundin**nen***	• auf *-in*
Typ 3:	Singular	Plural	
– (ohne Endung)	*der Mantel* *das Mittel* *das Wunder* *das Leben*	*die M**ä**ntel* *die Mittel* *die Wunder* *die Leben*	Substantive • auf *-el* • auf *-er* • auf *-en*
	das Häuschen *das Männlein*	*die Häuschen* *die Männlein*	Diminutive mit *-chen* oder *-lein*
Typ 4:	Singular	Plural	
-er (oft mit Umlaut)	*das Feld* *das Bad*	*die Feld**er*** *die B**ä**d**er***	einsilbige Neutra
	der Mann *der Mund*	*die M**ä**nn**er*** *die M**ü**nd**er***	einige Maskulina
	das Bistum	*die Bist**ü**m**er***	Neutra • auf *-tum*
Typ 5:	Singular	Plural	
-s	*das Taxi* *der Chef*	*die Taxi**s*** *die Chef**s***	viele Fremdwörter

Kasus des Substantivs

Im Deutschen gibt es vier Kasus: Nominativ, Akkusativ, Dativ und Genitiv. Er lässt sich mit folgenden Fragewörtern bestimmen:

der Nominativ	***Wer?*** (für Personen) oder ***Was?*** (für Sachen)
der Akkusativ	***Wen?*** (für Personen) oder ***Was?*** (für Sachen)
der Dativ	***Wem?***
der Genitiv	***Wessen?***

Das Substantiv verändert seine Form in den vier Kasus. Man nennt das die Deklination des Substantivs.

Typen der Deklination im Singular

- **Typ 1**
  Hierzu zählen die meisten **Maskulina** und alle **Neutra** (bis auf *Herz*).
  Typisch: Die Substantive haben im Genitiv die Endung **-s, -es** und im Dativ manchmal die Endung **-e**.

	maskulin	neutral
Nom.	*der Maler*	*das Bild*
Akk.	*den Maler*	*das Bild*
Dat.	*dem Maler*	*dem Bild(**e**)*
Gen.	*des Maler**s***	*des Bild**es***

- **Typ 2 = n-Deklination**
  Substantive dieses Typs kann man leicht erkennen. Es sind **Maskulina, die Lebewesen bezeichnen**:
  – Nationalitäten auf *-e: der Türke, der Deutsche, der Russe*
  – Lebewesen auf *-e: der Junge, der Löwe, der Kunde, der Kollege*
  – weitere Lebewesen: *der Bär, der Bauer, der Nachbar, der Herr*
  – Fremdwörter auf *-ant, -ent, -ist, -at, -oge, -graf: der Laborant, der Demokrat, der Pädagoge*
  Typisch: Die Substantive haben außer im Nominativ immer die Endung **-(e)n**.

	maskulin
Nom.	*der Mensch*
Akk.	*den Mensch**en***
Dat.	*dem Mensch**en***
Gen.	*des Mensch**en***

- **Typ 2.1**
  Maskuline Abstrakta auf -e: *der Name, der Wille, der Buchstabe usw.* und nur **ein Neutrum**, nämlich *das Herz*, gehören hierzu.
  Typisch: Bildung wie Typ 2, aber die Substantive haben im Genitiv zusätzlich ein **-s**.

	maskulin	neutral
Nom.	*der Gedanke*	*das Herz*
Akk.	*den Gedanke**n***	*das Herz*
Dat.	*dem Gedanke**n***	*dem Herz**en***
Gen.	*des Gedanke**ns***	*des Herz**ens***

- **Typ 3**
  Hierzu zählen alle **Feminina**.
  Typisch: Die Substantive sind **endungslos**.

	feminin
Nom.	*die Suppe*
Akk.	*die Suppe*
Dat.	*der Suppe*
Gen.	*der Suppe*

Typen der Deklination im Plural

Die Deklinationstypen richten sich wiederum nach den Substantivendungen im Singular und knüpfen damit an die fünf oben beschriebenen Typen der Pluralbildung an.

	Typ 1: -e	Typ 2: -(e)n	Typ 3: –
Nom.	*die Fische*	*die Flaschen*	*die Flügel*
Akk.	*die Fische*	*die Flaschen*	*die Flügel*
[illegible]	[illegible]	[illegible]	*den Flügel**n***
[illegible]	[illegible]	[illegible]	*der Flügel*

Typisch: Der Dativ Plural endet immer auf **-n**.
Nur Typ 5 hat in allen Kasus die Pluralendung **-s**.

Verb – Tempus

Handlungen und Geschehen können in verschiedenen Zeiten stattfinden. Das **Tempus** (Zeitform des Verbs) zeigt, wann etwas passiert: in der Gegenwart, der Vergangenheit oder in der Zukunft. Im Deutschen gibt es sechs verschiedene Tempora:

er hatte gelesen	Plusquamperfekt	Vergangenheit ↑
er las	Präteritum	
er hat gelesen	Perfekt	
er liest	Präsens	Gegenwart
er wird gelesen haben	Futur II	
er wird lesen	Futur I	↓ Zukunft

Präsens

Verbstamm + Personalendung
ich male, du malst, er malt, wir malen, ihr malt, sie malen

Lautliche Besonderheiten:

- Verbstamm endet auf *-d/-t, -m/-n:*
  + e: arbeiten: du arbeitest, er arbeitet, ihr arbeitet rechnen: du rechnest, er rechnet, ihr rechnet
- Verbstamm endet auf *-ß, -s, -ss, -z, -tz:*
  s: grüßen: du grüßt (das -s entfällt)
- Verben auf *-eln:*
  e: lächeln: ich lächle (das -e entfällt)

Stammvokalwechsel bei einigen unregelmäßigen Verben in der 2. und 3. Person Singular:

fallen	laufen	helfen
a – ä	au – äu	e – i
du fällst	du läufst	du hilfst
er fällt	er läuft	er hilft
lesen	**stoßen**	**nehmen**
e – ie	o – ö	Achtung!!!
du liest	du stößt	du nimmst
er liest	er stößt	er nimmt

Das **Präsens** ist die Zeitform der Gegenwart. Man kann mit ihm aber fast das ganze Zeitspektrum abdecken. Man kann damit sagen,

- was jetzt im Moment ist oder geschieht:
  Ich gehe in Marbach zur Schule.
- was früher begann, aber bis jetzt dauert:
  Seit neun Monaten lebe ich schon hier.
- was in der Zukunft geschieht:
  Morgen mache ich einen Klassenausflug.
- was immer gilt:
  Ich heiße Carolin und komme aus Brasilien.

Perfekt

Präsens von *haben* oder *sein* + Partizip II
ich habe gekocht, du hast gekocht, er hat gekocht
ich bin gelaufen, du bist gelaufen, er ist gelaufen

haben oder sein?
Die meisten Verben bilden das Perfekt mit *haben*. Das sind vor allem die reflexiven Verben, die Verben mit Akkusativobjekt und die Modalverben.
Die restlichen Verben nehmen *sein*. Das sind Verben der Orts- oder der Zustandsveränderung, z. B. *gehen, fahren, einschlafen, aufwachen* sowie die Verben *sein, werden, bleiben, passieren, geschehen*.

Das **Perfekt** bezeichnet etwas Vergangenes, das einen Bezug zur Gegenwart hat.
Wir sind von Japan nach Deutschland gezogen.
Nachdem er gelernt hat, ruht er sich aus.

Es ersetzt häufig – vor allem in der Umgangssprache – das Präteritum. Nur die Verben *haben, sein, werden* und die Modalverben verwendet man fast immer im Präteritum.

Präteritum

regelmäßiges Verb:

Infinitivstamm + *-t-* + Personalendung

unregelmäßiges Verb:

Präteritumstamm + Personalendung
1. und 3. Person Singular sind endungslos.
Der Stammvokal wechselt fast immer.

regelmäßiges Verb	unregelmäßige Verben	
wohnen	**gehen**	**bringen**
ich wohnte	*ich ging*	*ich brachte*
du wohntest	*du gingst*	*du brachtest*
er wohnte	*er ging*	*er brachte*
wir wohnten	*wir gingen*	*wir brachten*
ihr wohntet	*ihr gingt*	*ihr brachtet*
sie wohnten	*sie gingen*	*sie brachten*

Das **Präteritum** beschreibt abgeschlossene Vorgänge, die in der Vergangenheit liegen. Man verwendet es vor allem in der schriftlichen Sprache, mündlich nimmt man – außer bei den Hilfs- und Modalverben – eher das Perfekt.

Plusquamperfekt

Präteritum von *haben* oder sein + Partizip II
ich hatte gekocht, du hattest gekocht, er hatte gekocht
ich war gelaufen, du warst gelaufen

Das **Plusquamperfekt** bezeichnet etwas, das noch vor einer Handlung im Präteritum lag.
Nachdem die Mutter alles aufgeräumt hatte, ging sie müde zu Bett. Sie hatte alle Hausarbeiten alleine gemacht.

Futur I

Präsens von *werden* + Infinitiv
ich werde fahren, du wirst fahren, er wird fahren, wir werden fahren, ihr werdet fahren, sie werden fahren

Mit dem **Futur I** kann man sagen,

- was in der Zukunft passieren wird:
  Nächstes Jahr werde ich eine Weltreise machen.
- was man erwartet oder vermutet:
  Die kommende Woche wird sicher Klarheit bringen. Er wird wohl kündigen.

Meist benutzt man aber das Präsens mit einer Zeitangabe, die deutlich macht, dass es um ein Geschehen in der Zukunft geht.
***Morgen** beginnen die Ferien.*
***Nächstes Jahr** fahren wir wieder nach Spanien.*
*Er hat **kommenden Monat** Prüfung.*

Futur II

Präsens von *werden* + Partizip II + *haben* oder *sein*
ich werde gegessen haben, du wirst gegessen haben, er wird gegessen haben
ich werde gegangen sein, du wirst gegangen sein

Mit dem **Futur II** kann man sagen, was in der Zukunft bereits vergangen sein wird. Es wird selten benutzt.
Bald wirst du die Prüfung bestanden haben. (Prognose)
Er wird noch zu seiner Freundin gegangen sein. (Vermutung)

Verb – Modus

Im Deutschen unterscheidet man drei **Modi**: Indikativ (Wirklichkeitsform), Konjunktiv (Möglichkeitsform) und Imperativ (Befehlsform).

Die Modi kennzeichnen die Einstellung des Sprechers zu dem, was er sagt:
Guillerme kommt gerade. – Tatsache
Wenn Guillerme doch käme. – Möglichkeit oder Wunsch
Komm jetzt, Guillerme! – Aufforderung oder Befehl

Konjunktiv I

Infinitivstamm + Konjunktivendungen
Typisch: Alle Formen haben ein ***-e-***.
ich höre, du hörest, er höre, wir hören, ihr höret, sie hören

Ausnahme: ***sein***
ich sei, du sei(e)st, er sei, wir seien, ihr seiet, sie seien

Bei Formen, die sich nicht vom Indikativ unterscheiden, benutzt man den Konjunktiv II bzw. *würde(n)* + Infinitiv.

Der **Konjunktiv I** kommt vor allem in der schriftlichen Sprache vor. Man benutzt ihn in der indirekten Rede und in indirekten Fragesätzen:
Der Angeklagte behauptete, er sei unschuldig.
Der Richter fragte, ob das auch stimme.

Bezieht man sich auf etwas, das bereits vergangen ist, nimmt man den **Konjunktiv I Perfekt**:

Konjunktiv I von *haben* oder *sein* + Partizip II

Der Angeklagte sagte, er habe nichts gestohlen.

Bezieht man sich auf etwas, das erst passieren wird, benutzt man den **Konjunktiv I Futur**:

Konjunktiv I von *werden* + Infinitiv
du werdest spielen, er werde spielen
Aber: Die 1. Person Singular und die Personen im Plural werden meist mit *würde(n)* gebildet:
ich würde spielen, wir würden spielen

Der Anwalt versicherte, er werde die Unschuld des Angeklagten beweisen.

Konjunktiv II

regelmäßige Verben: = Indikativform des Präteritums
→ stattdessen: *würde(n)* + Infinitiv

unregelmäßige Verben: Verbstamm des Präteritums Indikativ + Endungen des Konjunktivs I
Typisch: *a, o, u* werden zu *ä, ö, ü*.
kam – käme, zog – zöge, wusch – wüsche

Sein, haben, werden, bleiben, lassen, wissen, kommen und *gehen* sowie alle Modalverben verwendet man meist in der Konjunktiv-II-Form.
Bei anderen Verben verwendet man meist: *würde(n)* (Konjunktiv II von *werden*) + Infinitiv.
*Ich **würde** am liebsten drei Tage **wegfahren**.*
*Und dich **würde** ich gerne **mitnehmen**.*

Mit dem **Konjunktiv II** kann man

- etwas ausdrücken, was nicht wirklich ist:
  Ich wüsste zu gerne, was in dem Koffer ist. (Wunsch)
  Wenn er da wäre, würde ich ihm alles erzählen. (Bedingung)
  Du tust so, als wäre ich noch ein Kind. (Vergleich)
- Bitten und Ratschläge besonders höflich formulieren:
  Könnten Sie etwas leiser sprechen? (Bitte)
  Du solltest nicht so viel mit ihr schimpfen. (Ratschlag)
- in der indirekten Rede die Formen des Konjunktivs I ersetzen, wenn diese mit dem Indikativ identisch sind:
  Er sagte, sie müssten besser aufpassen.

Um eine Möglichkeit in der Vergangenheit auszudrücken, die nicht verwirklicht wurde, benutzt man den **Konjunktiv II Plusquamperfekt**:

Konjunktiv II von *haben* oder *sein* + Partizip II

Wenn du besser aufgepasst hättest, wäre das sicher nicht passiert.

Imperativ

Es gibt drei Formen des Imperativs:

2. Person Singular:	***Komm** mal rüber!*
2. Person Plural:	***Fragt** bitte erst eure Eltern!*
Höfliche Anrede (Sie):	***Rufen** Sie mich später **an**!*

2. Person Singular:	wie 2. Person Präsens ohne *-st* und ohne *du*;
2. Person Plural:	wie 2. Person Plural ohne *ihr*;
Höfliche Anredeform:	wie 3. Person Plural. *Sie* steht nach dem Verb.

Den **Imperativ** braucht man, um Bitten und Aufforderungen zu formulieren, Befehle zu erteilen oder Ratschläge zu geben. Die Wörter „bitte" oder „mal" lassen ihn etwas freundlicher klingen.

Grammatische Konstruktionen mit Infinitiven, Modalverben oder mit dem Konjunktiv II können den Imperativ ersetzen. Oft wirken diese Formulierungen wesentlich höflicher.
Könntest du mich bitte mit dem Auto abholen?
Das Rauchen bitte einstellen!

Adjektiv

Adjektive bezeichnen Eigenschaften und Merkmale von Substantiven. Grammatisch kann man das auf zwei Arten machen:

1. Das Adjektiv steht nach dem Substantiv (prädikativ): keine Endung
   Der Film ist interessant.
2. Das Adjektiv steht vor dem Substantiv (attributiv): mit Endung
   der interessante Film, einen interessanten Film, interessante Filme

Deklination des Adjektivs

Wenn das Adjektiv vor dem Substantiv steht, passt es sich in Numerus, Genus und Kasus dem Substantiv an. Man unterscheidet zwischen starker, schwacher und gemischter Deklination.

ohne Artikel – starke Deklination

Wenn das Adjektiv ohne Artikel vor dem Substantiv steht, wird es stark dekliniert, d. h. das Adjektiv trägt die Merkmale für Numerus, Genus und Kasus.

Der letzte Buchstabe entspricht immer dem letzten Buchstaben des jeweiligen bestimmten Artikels:
der *feine Zucker – feine**r** Zucker,*
die *dunkle Schokolade – dunkl**e** Schokolade,*
das *feine Mehl – feine**s** Mehl,*
die *leckeren Nüsse – lecker**e** Nüsse*

Dasselbe gilt nach einigen endungslosen Begleitern und Zahlwörtern: *manch, solch, einige, mehr, viel, welch, wenig, etwas, zwei, drei usw.* sowie nach *ein paar, ein bisschen.*

	Singular maskulin	feminin
Nom.	*roh**er** Teig*	*süß**e** Sahne*
Akk.	*roh**en** Teig*	*süß**e** Sahne*
Dat.	*roh**em** Teig*	*süß**er** Sahne*
Gen.	*roh**en** Teiges*	*süß**er** Sahne*

	Singular neutral	Plural
Nom.	*frisch**es** Ei*	*gut**e** Kuchen*
Akk.	*frisch**es** Ei*	*gut**e** Kuchen*
Dat.	*frisch**em** Ei*	*gut**en** Kuchen*
Gen.	*frisch**en** Ei(e)s*	*gut**er** Kuchen*

mit bestimmtem Artikel – schwache Deklination

Das Adjektiv wird schwach dekliniert, wenn es zwischen dem bestimmten Artikel *(der, die, das)* und dem Substantiv steht. Denn hier trägt der Artikel bereits die Merkmale für Numerus, Genus und Kasus. Genauso werden Adjektive auch nach folgenden Begleitern dekliniert: *dieser, jener, jeder, mancher, welcher, derselbe.*

	Singular maskulin	feminin
Nom.	*der bunt**e** Fisch*	*die hoh**e** Welle*
Akk.	*den bunt**en** Fisch*	*die hoh**e** Welle*
Dat.	*dem bunt**en** Fisch*	*der hoh**en** Welle*
Gen.	*des bunt**en** Fisches*	*der hoh**en** Welle*

	Singular neutral	Plural
Nom.	*das alt**e** Boot*	*die groß**en** Meere*
Akk.	*das alt**e** Boot*	*die groß**en** Meere*
Dat.	*dem alt**en** Boot*	*den groß**en** Meeren*
Gen.	*des alt**en** Bootes*	*der groß**en** Meere*

mit unbestimmtem Artikel – gemischte Deklination

Wenn das Adjektiv zwischen dem unbestimmten Artikel *(ein, eine)* und dem Substantiv steht, wird es teils stark und teils schwach dekliniert. Deshalb nennt man diese Deklination gemischt.
Dasselbe gilt auch nach *kein, keine* sowie nach den Possessivpronomen *mein, dein, sein, unser, euer, ihr.*

	Singular maskulin	feminin
Nom.	*ein klein**er** Knopf*	*eine blau**e** Hose*
Akk.	*einen klein**en** Knopf*	*eine blau**e** Hose*
Dat.	*einem klein**en** Knopf*	*einer blau**en** Hose*
Gen.	*eines klein**en** Knopfes*	*einer blau**en** Hose*

	Singular neutral	Plural alle Genera
Nom.	*ein neu**es** Hemd*	*(keine) teur**en** Anzüge**
Akk.	*ein neu**es** Hemd*	*(keine) teur**en** Anzüge*
Dat.	*einem neu**en** Hemd*	*(keinen) teur**en** Anzügen*
Gen.	*eines neu**en** Hemdes*	*(keiner) teur**en** Anzüge*

* Im Plural gibt es keinen Indefinitartikel. Der genauso deklinierte Negativartikel *kein* hat aber einen Plural.

Besonderheiten bei der Deklination

Wegen der besseren Aussprache verlieren manche Adjektive bei der Deklination in der **Endsilbe** das **-e-**.

- Adjektive mit der Endung ***-el***:
  miserabel – Er hatte heute eine miserable Laune.
  dunkel – Er trägt einen dunklen Pullover.
- Adjektive mit der Endung ***-en***:
  trocken – Die trock(e)ne Wäsche liegt im Schrank.
- Adjektive mit der Endung ***-er***:
  sauer – Ich will eine saure Gurke essen.
  teuer – Die teure Bluse kaufe ich mir nicht.
  finster – Er geht durch eine finst(e)re Gasse.
- Bei dem Adjektiv hoch fällt das **-c-** weg.
  hoch – der hohe Turm

Nicht dekliniert werden:

- Adjektive auf ***-a***:
  Sie trug einen rosa Wollpullover.
  Der lila Rock passte aber nicht dazu.
- die Grundzahlen:
  Wir fahren in fünf Wochen ganz weit weg.
  Zu Weihnachten haben wir drei Tage frei.
- Adjektive von Städtenamen mit der Endung ***-er***:
  der Berliner Bär, das Frankfurter Würstchen

Komparation des Adjektivs

Mit den meisten Adjektiven kann man Vergleichsformen bilden. Es gibt drei Stufen:

Positiv	Komparativ	Superlativ
dick	*dick**er***	*am dick**sten** / der, die, das dick**ste***
Peter ist dick.	*Er ist dicker als der Lehrer.*	*Er ist am dicksten. / Er ist das dickste Kind.*

Personen oder Dinge sind **gleich**: ***so*** *dick* ***wie***
Personen oder Dinge sind **ungleich**: *dicker* ***als***

Deklination des Komparativs

Das Adjektiv im Komparativ und Superlativ wird genauso wie der Positiv dekliniert, wenn es vor einem Substantiv steht. Es gibt also auch hier starke und schwache Endungen.
Mit den reiferen Tomaten schmeckt die Soße besser.
Die reifsten Tomaten bekommt man im August.

Besonderheiten bei den Komparationsformen

Wegen der besseren Aussprache haben Adjektive auf *-d, -t, -s, -ss, -ß, -sch, -z, -tz, -x* im Superlativ ein **-e-**.

laut	*lauter*	*am laut**e**sten*
frisch	*frischer*	*am frisch**e**sten*
aber:		
groß	*größer*	*am größten*

Aus dem gleichen Grund verlieren Adjektive auf *-el* und *-er* im Komparativ das **-e-**.

edel	*ed**ler***	*am edelsten*
teuer	*teu**rer***	*am teuersten*
sauer	*sau**rer***	*am sauersten*

Einige einsilbige Adjektive bilden den Komparativ und Superlativ mit Umlaut (*a, o, u* → *ä, ö, ü*).

arm	***ä**rmer*	*am **ä**rmsten*
grob	*gr**ö**ber*	*am gr**ö**bsten*
klug	*kl**ü**ger*	*am kl**ü**gsten*

Unregelmäßige Komparationsformen

Wenige Adjektive werden völlig unregelmäßig gesteigert.

Positiv	Komparativ	Superlativ
gut	*besser*	*am besten*
hoch	*höher (ohne c)*	*am höchsten*
nah	*näher*	*am nächsten (mit c)*
viel	*mehr*	*am meisten*

Adverb

Adverbien gehören zu den nicht flektierbaren, d. h. unveränderlichen Wortarten. Sie werden nicht dekliniert und lassen sich in der Regel auch nicht steigern. Ausnahmen sind die folgenden Adverbien:

Positiv	Komparativ	Superlativ
bald	*eher*	*am ehesten*
gern	*lieber*	*am liebsten*
oft	*häufiger*	*am häufigsten*
sehr	*mehr*	*am meisten*

Mit Adverbien kann man Verben, Adjektive oder andere Adverbien näher bestimmen oder charakterisieren. Es gibt verschiedene Gruppen von Adverbien:

- **Lokale Adverbien** geben an, wo etwas ist:
  da, dort, draußen, drinnen, hier, innen, irgendwo, nirgends, nirgendwo, woanders u. a.
- **Direktionale Adverbien** geben eine Richtung an: *herauf, herunter, vorwärts, rückwärts, nach rechts, nach oben, hierhin, dorthin* u. a. In der Umgangssprache sagt man ***rauf, rüber, raus, rein, runter*** statt *herauf, hinauf, herüber, hinüber* usw.
- **Temporale Adverbien** machen Angaben zur Zeit: *heute, gestern, morgen, jetzt, früher, bald, nie, oft, kaum, selten, manchmal, meistens, schon, erst* u. a.
- **Modale Adverbien** drücken eine Bewertung, eine Annahme oder eine Wahrscheinlichkeit aus: *leider, natürlich, glücklicherweise, anscheinend, bestimmt, eventuell, wahrscheinlich, vielleicht* u. a.
  Hierzu zählen auch die **adverbialen Adjektive**. Sie kennzeichnen, wie jemand etwas tut. Sie bleiben unverändert und lassen sich wie Adjektive steigern:
  Er singt gut – besser – am besten.
  Modale Adverbien können Adjektive und Adverbien **verstärken**:
  sehr *interessant,* ***ganz*** *gut,* ***so*** *schön*
  … oder **abschwächen**:
  nur *deshalb,* ***höchstens*** *drei,* ***kaum*** *müde*
- **Konjunktionale Adverbien** verknüpfen Textteile miteinander (vgl. Konjunktionen). Sie können anstelle einer Konjunktion stehen. Es sind: *dafür, darum, dazu, deshalb, nämlich, also, trotzdem, sonst, schließlich, jedoch* u. a.
- **Pronominaladverbien** stehen – ähnlich wie Pronomen – für etwas. Sie beziehen sich also immer nur auf **Sachen oder Sachverhalte**. Pronominaladverbien setzen sich aus den Adverbien *da, hier* und *wo* + Präposition zusammen:

Adverb	Präposition	Pronominaladverb
da	*an*	*daran**
	mit	*damit*
	über	*darüber**
hier	*mit*	*hiermit*
	in	*hierin*
	über	*hierüber*
wo	*bei*	*wobei*
	zu	*wozu*
	von	*wovon*

* Bei zwei Vokalen hintereinander wird ein **-r-** eingeschoben.

Bei **Personen** verwendet man Präpositionen und Fragewörter: ***Über wen*** *ärgerst du dich?* ***Von wem*** *hast du Post bekommen?*

Auf einen Blick – DEUTSCH
Grammatik
von Renate Weber

Rechtschreibreformiert 2006.
Internet: www.pons.de • E-Mail: info@pons.de
Redaktion: Regina Reinboth-Kämpf
Layout/Satz: BUERO CAÏRO, Stuttgart
Druck: Achilles, Celle
ISBN-10: 3-12-**560701**-9
ISBN-13: 978-3-12-**560701**-9
9 783125 607019

PONS Auf einen Blick
DEUTSCH
Grammatik

Verb

Verben bestehen immer aus einem **Verbstamm** und einer **(Personal-)Endung**.
Am Verbstamm (**leb**-en) ist zu erkennen, was das Verb bedeutet. Die Endung (leb-**en**) zeigt, wer etwas tut. Da im Deutschen verschiedene Personen gleiche Endungen haben, braucht man zusätzlich Pronomen oder Substantive, um die Person genau identifizieren zu können:

	Singular	Plural
1. Pers.	*ich wohn-**e***	*wir wohn-**en***
2. Pers.	*du wohn-**st***	*ihr wohn-**t***
3. Pers.	*er/sie/es wohn-**t***	*sie wohn-**en***

Man unterscheidet **regelmäßige** und **unregelmäßige** Verben. Sie werden auch schwache und starke Verben genannt.

Regelmäßige Verben

Die meisten Verben sind im Deutschen regelmäßig. Ihr Verbstamm bleibt in allen Zeitformen gleich.
Im Präteritum haben alle Personen ein *-te-*.
Das Partizip II endet immer auf *-(e)t*.

Präsens	Präteritum	Perfekt
*ich **lern**e*	*ich **lern**te*	*ich habe ge**lern**t*
*du **lern**st*	*du **lern**test*	*du hast ge**lern**t*
*er **lern**t*	*er **lern**te*	*er hat ge**lern**t*
*wir **lern**en*	*wir **lern**ten*	*wir haben ge**lern**t*
*ihr **lern**t*	*ihr **lern**tet*	*ihr habt ge**lern**t*
*sie **lern**en*	*sie **lern**ten*	*sie haben ge**lern**t*

Unregelmäßige Verben

Unregelmäßige Verben ändern den Stammvokal im Präteritum und zum Teil auch im Partizip II.
Im Präteritum sind die 1. und 3. Person identisch und meist endungslos. Das Partizip II endet auf *-(e)n*.

Der Stammvokal wechselt nach folgendem Muster:
ABC – drei verschiedene Vokale
ABB – gleicher Vokal für Präteritum und Partizip II
ABA – gleicher Vokal für Infinitiv und Partizip II

Infinitiv	Präteritum	Partizip II
A	B	C
helfen	*half*	*geholfen*
beginnen	*begann*	*begonnen*
liegen	*lag*	*gelegen*
singen	*sang*	*gesungen*
A	B	B
leihen	*lieh*	*geliehen*
reiten	*ritt*	*geritten*
heben	*hob*	*gehoben*
fliegen	*flog*	*geflogen*
lügen	*log*	*gelogen*
A	B	A
fahren	*fuhr*	*gefahren*
laufen	*lief*	*gelaufen*
lassen	*ließ*	*gelassen*
sehen	*sah*	*gesehen*

Einige Verben bilden eine **Mischgruppe**:
brennen, bringen, denken, kennen, nennen, rennen, senden, wissen … und die Modalverben.
Sie wechseln den Stammvokal **und** haben trotzdem die Endungen der regelmäßigen Verben, z. B.:

denken	*dach**te***	*gedach**t***
kennen	*kann**te***	*gekann**t***
wissen	*wuss**te***	*gewuss**t***
senden	*sand**te***	*gesand**t***
bringen	*brach**te***	*gebrach**t***

Manche Verben werden **ganz unregelmäßig** konjugiert:

gehen	*ging*	*gegangen*
stehen	*stand*	*gestanden*
nehmen	*nahm*	*genommen*
tun	*tat*	*getan*
sitzen	*saß*	*gesessen*
ziehen	*zog*	*gezogen*

Am besten lernen Sie immer gleich alle drei Formen: Infinitiv, Präteritum, Partizip II. Man kann damit verschiedene Zeiten, das Passiv und den Konjunktiv bilden. Die unterschiedlichen Formen der regelmäßigen und unregelmäßigen Verben finden Sie in den „Verbtabellen Deutsch" von PONS.

Reflexive Verben

Reflexive Verben können oder müssen mit einem **Reflexivpronomen** stehen. Dieses steht meist im Akkusativ. Es kann aber auch im Dativ stehen.
Akkusativ: *Ich freue **mich** auf den Urlaub.*
Dativ: *Ich stelle **mir** den Strand und das Meer vor.*

Es gibt keine Regeln hierzu; man muss das Reflexivpronomen dazulernen.

mit Akkusativ			mit Dativ		
ich	*freue*	*mich*	*ich*	*wünsche*	*mir*
du	*freust*	*dich*	*du*	*wünschst*	*dir*
er/sie/es	*freut*	*sich*	*er/sie/es*	*wünscht*	*sich*
wir	*feuen*	*uns*	*wir*	*wünschen*	*uns*
ihr	*freut*	*euch*	*ihr*	*wünscht*	*euch*
sie/Sie	*freuen*	*sich*	*sie/Sie*	*wünschen*	*sich*

Bei einem **echten** reflexiven Verb (vgl. auch Reflexivpronomen) ist das Reflexivpronomen Teil des Verbs. Es kann weder weggelassen noch durch ein Substantiv ersetzt werden: *Ich freue **mich**.*
Bei einem **unechten** reflexiven Verb hingegen kann an die Stelle des Reflexivpronomens ein Substantiv oder eine andere Wortart treten:
*Ich wasche **mich**. Aber: Ich wasche **meine Hände**.*

Verben mit Präfixen

Viele Verben können ihre Bedeutung durch Präfixe (Verbzusätze) verändern:
fahren: Ich fahre in die Berge.
losfahren: Gleich fahre ich los.
mitfahren: Meine Freundin fährt mit.
zurückfahren: Am Sonntag fahren wir wieder zurück.

Trennbare Präfixe

Die meisten Präfixe sind **betont** und stehen – außer im Infinitiv und beim Partizip II – getrennt vom Verb.
anfangen: ich fange an, ich fing an, fang an!

Die wichtigsten trennbaren Präfixe sind:
ab-, an-, auf-, aus-, bei-, ein-, her-, hin-, mit-, nach-, vor-, weg-, zu-.

Untrennbare Präfixe

Die untrennbaren Präfixe bleiben immer beim Verb und sind alle bis auf *miss-* **unbetont**:
erzählen: ich erzähle, ich erzählte, erzähl!

Die untrennbaren Präfixe sind:
be-, emp-, ent-, er-, ge-, miss-, ver-, wider-, zer-.

Bildung des **Partizips II** bei Verben
- mit **untrennbarem** Präfix: kein *-ge-*: *verstanden, empfunden, missachtet, widersprochen*
- mit **trennbarem** Präfix: Das Präfix steht vor dem *-ge-*: *abgeräumt, aufgegessen, eingekauft, mitgemacht*

Hilfsverben

Die Hilfsverben *haben, sein* und *werden* sind unregelmäßige Verben.

	haben	sein	werden
Präsens			
ich	*habe*	*bin*	*werde*
du	*hast*	*bist*	*wirst*
er, sie, es	*hat*	*ist*	*wird*
wir	*haben*	*sind*	*werden*
ihr	*habt*	*seid*	*werdet*
sie/Sie	*haben*	*sind*	*werden*
Präteritum			
ich	*hatte*	*war*	*wurde*
du	*hattest*	*warst*	*wurdest*
er, sie, es	*hatte*	*war*	*wurde*
wir	*hatten*	*waren*	*wurden*
ihr	*hattet*	*wart*	*wurdet*
sie/Sie	*hatten*	*waren*	*wurden*
Partizip II			
	gehabt	*gewesen*	*(ge)worden*

Man braucht die Hilfsverben, um **zusammengesetzte Zeiten** zu bilden (vgl. Perfekt, Plusquamperfekt, Futur) und bei der Bildung des **Passivs** (vgl. Passiv).

sein, haben und *werden* können aber auch als „normale" Verben (Vollverben) gebraucht werden.
*Das **ist** meine Großmutter. Sie **hat** morgen Geburtstag. Sie **wird** 70 Jahre.*

Modalverben

Modalverben sind – bis auf *sollen* – unregelmäßige Verben.

Infinitiv	Präsens	Präteritum	Partizip II
können	*kann*	*konnte*	*gekonnt*
mögen	*mag*	*mochte*	*gemocht*
wollen	*will*	*wollte*	*gewollt*
dürfen	*darf*	*durfte*	*gedurft*
sollen	*soll*	*sollte*	*gesollt*
müssen	*muss*	*musste*	*gemusst*

Mit Modalverben kann man ausdrücken, **wie** man etwas tut: gern oder nicht, freiwillig oder nicht usw. Sie treten zusammen mit einem Infinitiv auf, der am Ende des Satzes steht:
*Ich **darf** keinen Kaffee **trinken**.*
Manchmal lässt man den Infinitiv aber auch weg:
***Möchtest** du einen Kaffee? (trinken)*

Bedeutung der Modalverben

Fähigkeit	*Ich **kann** arbeiten.*
Lust	*Ich **mag/möchte*** arbeiten.*
Wille	*Ich **will** arbeiten.*
Erlaubnis	*Ich **darf** arbeiten.*
Aufforderung	*Ich **soll** arbeiten.*
Notwendigkeit	*Ich **muss** arbeiten.*

* Achtung! *Möchte~* ist eigentlich der Konjunktiv II von *mögen*, wird aber wie eine Präsensform benutzt.
Die Bedeutung ist aber unterschiedlich: *mögen* = etwas gerne tun, *möchten* = etwas wollen – höflich formuliert
(Für *möchte~* benutzt man in der Vergangenheit *wollen*.)

Passiv

Mit dem Passiv kann man ausdrücken, dass etwas mit einer Person oder Sache gemacht wird. Will man den Handelnden nennen, benutzt man **von** + Dativ:
Das Stück wird von einem jungen Pianisten gespielt.
Bei Dingen oder Institutionen verwendet man oft **durch** + Akkusativ:
Das Klavier wurde durch Spenden finanziert.

Man unterscheidet: Vorgangs- und Zustandspassiv.
Beim **Vorgangspassiv** steht die Handlung selbst im Vordergrund: *Das Kind wird geimpft.*

werden + Partizip II

Das Vorgangspassiv kommt in allen Zeiten vor und wird wesentlich häufiger benutzt als das Zustandspassiv:

Präsens	*ich **werde** geimpft*
Präteritum	*ich **wurde** geimpft*
Perfekt	*ich **bin** geimpft **worden***

Achtung! Das Partizip II von *werden* ist im Passiv *worden* (**nicht:** *geworden*).

Beim **Zustandspassiv** ist das Ergebnis einer Handlung wichtig: *Das Kind ist bereits geimpft.*

sein + Partizip II

Das Zustandspassiv wird meistens nur im Präsens oder im Präteritum verwendet:

Präsens	*ich **bin** geimpft*
Präteritum	*ich **war** geimpft*

Partizip II

Das Partizip II braucht man bei der Bildung des Perfekts und des Passivs. Man unterscheidet:

regelmäßige Verben	Verben auf -ieren
ge- + Verbstamm + *-t* (*-et* nach *-d, -t* und *-n, -m*)	Verbstamm + *-t* (ohne *ge-*)
*fragen – **ge**frag**t***	*studieren – studier**t***
*arbeiten – **ge**arbeit**et***	*passieren – passier**t***
*zeichnen – **ge**zeichn**et***	*sortieren – sortier**t***

unregelmäßige Verben	Mischformen
ge- + Verbstamm + *-en* Änderung von Vokal und Konsonant möglich	*ge-* + Verbstamm + *-t* und Änderung des Stammvokals
*geben – **ge**geb**en***	*denken – **ge**dach**t***
*nehmen – **ge**nomm**en***	*kennen – **ge**kann**t***
*schreiben – **ge**schrieb**en***	*wissen – **ge**wuss**t***

Das Partizip II kann auch als Adjektiv verwendet werden und muss dann wie dieses dekliniert werden:
*Die Polizei sucht nach dem **gestohlenen** Auto.*

Artikel

Artikel stehen vor dem Substantiv. Sie richten sich in Genus, Numerus und Kasus nach dem Substantiv, das sie begleiten.
Man unterscheidet zwischen bestimmtem und unbestimmtem Artikel (Definit- und Indefinitartikel).

Deklination des bestimmten Artikels

	Singular			Plural
	mask.	fem.	neutr.	alle Genera
Nom.	*der*	*die*	*das*	*die*
Akk.	*den*	*die*	*das*	*die*
Dat.	*dem*	*der*	*dem*	*den*
Gen.	*des*	*der*	*des*	*der*

Deklination des unbestimmten Artikels

	Singular			Plural
	mask.	fem.	neutr.	alle Genera
Nom.	*ein*	*eine*	*ein*	—
Akk.	*einen*	*eine*	*ein*	—
Dat.	*einem*	*einer*	*einem*	—
Gen.	*eines*	*einer*	*eines*	—

Im Deutschen gibt es keinen unbestimmten Artikel im Plural.

Neben den Artikeln gibt es auch andere Wörter, die an der Stelle des Artikels stehen können (vgl. Pronomen). Sie heißen **Begleiter** (des Substantivs): *dieses Brot, jenes Brot, kein Brot, mein Brot*

Als Begleiter hat *kein* die gleichen Formen wie *ein*. Im Unterschied zu *ein* hat *kein* aber **Pluralformen**:

Nom.	Akk.	Dat.	Gen.
keine	*keine*	*keinen*	*keiner*

Pronomen

Als **Begleiter** haben Pronomen die Aufgabe, das Substantiv näher zu bestimmen. Wie die Artikel stehen sie dann vor dem Substantiv, zu dem sie gehören.
Die Frau von Herrn Müller arbeitet in der Schule.
***Seine** Frau arbeitet in der Schule.*

Als **Stellvertreter** benutzt man Pronomen, um Wiederholungen zu vermeiden. Sie ersetzen dann ein Substantiv oder eine Wortgruppe.
***Sie** arbeitet in der Schule.*

Es gibt verschiedene Arten von Pronomen.

Personalpronomen

Man kann mit dem Personalpronomen von sich sprechen, andere ansprechen oder über Personen oder Sachen sprechen. Die 3. Person Singular wird in Maskulinum, Femininum und Neutrum unterschieden.
Die **höfliche Anrede** entspricht der 3. Person Plural. Man schreibt sie immer groß.

Deklination der Personalpronomen

Sing.	1. Pers.	2. Pers.	3. Pers.
Nom.	*ich*	*du*	*er/sie/es*
Akk.	*mich*	*dich*	*ihn/sie/es*
Dat.	*mir*	*dir*	*ihm/ihr/ihm*
Gen.	*meiner*	*deiner*	*seiner/ihrer/seiner*
Plural	**1. Pers.**	**2. Pers.**	**3. Pers.**
Nom.	*wir*	*ihr*	*sie/Sie*
Akk.	*uns*	*euch*	*sie/Sie*
Dat.	*uns*	*euch*	*ihnen/Ihnen*
Gen.	*unser*	*euer*	*ihrer/Ihrer*

Reflexivpronomen

Das Reflexivpronomen bezieht sich immer auf das Subjekt des Satzes.
Es gibt „echte" und „unechte" Reflexivpronomen. Bei einem echten Reflexivpronomen kann das Verb nicht ohne dieses Pronomen stehen:
***Ich** habe **mich** verliebt. / **Er** beeilt **sich**.*

Das unechte Reflexivpronomen ist nur eine Ergänzung zum Verb; das Verb kann auch alleine stehen:
***Ich** male **mich**. – Ich male.*

Deklination der Reflexivpronomen

Reflexivpronomen werden nur im Dativ und Akkusativ gebraucht.
Die reflexiven Formen entsprechen fast alle denen der Personalpronomen, bis auf die 3. Person Singular und Plural: ***sich***.

	Akk.	Dat.
ich	*mich*	*mir*
du	*dich*	*dir*
er/sie/es	***sich***	***sich***
wir	*uns*	*uns*
ihr	*euch*	*euch*
sie/Sie	***sich***	***sich***

Possessivpronomen

Das Possessivpronomen zeigt den Besitz an:
*Dort steht **mein** Haus …* oder eine Zugehörigkeit:
*Und da ist **meine** Familie.*

Possessivpronomen kommen als Begleiter oder Stellvertreter eines Substantivs vor.
Als Begleiter richtet es sich in seiner Form sowohl nach dem Substantiv, bei dem es steht, als auch nach dem „Besitzer", für den es steht:

Person	*Ich gehe mit **meinem** Hund spazieren.*
Numerus	*Sind das **Ihre** Hunde?*
Genus	*Der Hund bellt **sein** Herrchen an.*

Possessiva als Begleiter und Pronomen

Personalpronomen	Possessiva als Begleiter	Possessiva als Pronomen
ich	*mein*	*meiner, -e, -s*
du	*dein*	*deiner, -e, -s*
er	*sein*	*seiner, -e, -s*
sie	*ihr*	*ihrer, -e, -s*
es	*sein*	*seiner, -e, -s*
wir	*unser*	*uns(e)rer*, -e, -s*
ihr	*euer*	*eurer, -e, euers*
sie	*ihr*	*ihrer, -e, -s*
Sie	*Ihr*	*Ihrer, -e, -s*

* Bei *unsere* usw. kann das *e* vor der Endsilbe wegfallen.

Deklination des Possessivpronomens

Das Possessivum **als Begleiter** wird wie *kein* dekliniert. *Ich trage den Ring an **meiner** linken Hand.*

	Singular	
	maskulin	feminin
Nom.	*mein Arm*	*meine Hand*
Akk.	*mein**en** Arm*	*meine Hand*
Dat.	*mein**em** Arm*	*mein**er** Hand*
Gen.	*mein**es** Armes*	*mein**er** Hand*
	Singular	**Plural**
	neutral	**alle Genera**
Nom.	*mein Gesicht*	*meine Beine*
Akk.	*mein Gesicht*	*meine Beine*
Dat.	*mein**em** Gesicht*	*mein**en** Beinen*
Gen.	*mein**es** Gesichts*	*mein**er** Beine*

Die anderen Possessiva werden genauso dekliniert.

Das Possessivum **als Stellvertreter** wird wie *kein* als Stellvertreter dekliniert. *Das ist **meiner**. (mein Ring)*

Sing.	mask. (der Ring)	feminin (die Uhr)	neutral (das Buch)	Plural alle Genera
Nom.	*mein**er***	*meine*	*mein(e)**s***	*meine*
Akk.	*mein**en***	*meine*	*mein(e)**s***	*meine*
Dat.	*mein**em***	*mein**er***	*mein**em***	*mein**en***
Gen.	*mein**es***	*mein**er***	*mein**er***	*mein**er***

Demonstrativpronomen

Das Demonstrativpronomen verweist auf eine bestimmte Person, Sache oder etwas bereits Gesagtes. Es wird als Stellvertreter oder als Begleiter verwendet.
– Ich hätte gern von der Salami.
*– Von **dieser** Salami hier oder von **jener** dahinten?*
*– Nein, von **der** ganz links. **Die** ist heute im Angebot.*

Deklination von *dieser* und *jener*

Dieser und *jener* haben als Begleiter und Stellvertreter die gleiche Deklination. Sie werden wie der bestimmte Artikel dekliniert:

	Singular	
	maskulin	feminin
Nom.	*dies**er** (Raum)*	*dies**e** (Tür)*
Akk.	*dies**en** (Raum)*	*dies**e** (Tür)*
Dat.	*dies**em** (Raum)*	*dies**er** (Tür)*
Gen.	*dies**es** (Raumes)*	*dies**er** (Tür)*
	Singular	**Plural**
	neutral	**alle Genera**
Nom.	*dies**es** (Fenster)*	*dies**e** (Räume)*
Akk.	*dies**es** (Fenster)*	*dies**e** (Räume)*
Dat.	*dies**em** (Fenster)*	*dies**en** (Räumen)*
Gen.	*dies**es** (Fensters)*	*dies**er** (Räume)*

Deklination von *der, die, das*

Der **Begleiter** wird wie der bestimmte Artikel dekliniert.

Der **Stellvertreter** wird fast wie der bestimmte Artikel dekliniert (vgl. Artikel). Ausnahmen sind der Genitiv Singular und Plural und der Dativ Plural.

Sing.	mask.	feminin	neutral	Plural
Dat.				***denen***
Gen.	***dessen***	***deren***	***dessen***	***deren/derer***

Der Genitiv wird nur selten gebraucht.

Relativpronomen

Relativpronomen beziehen sich auf ein Substantiv oder Pronomen, das bereits erwähnt wurde. Meistens stehen sie direkt nach den Bezugswörtern. Sie leiten als **Stellvertreter** Nebensätze ein (vgl. Relativsätze).
***Der Mann,** mit **dem** ich spreche, heißt Sebastian.*

Relativpronomen werden dekliniert; sie hängen in Genus und Numerus vom Bezugswort des Hauptsatzes ab. Der Kasus hängt vom Verb des Nebensatzes ab.

Deklination der Relativpronomen

	Singular	
	maskulin	feminin
Nom.	*der/welcher*	*die/welche*
Akk.	*den/welchen*	*die/welche*
Dat.	*dem/welchem*	*der/welcher*
Gen.	*dessen/dessen*	*deren/deren*
	Singular	**Plural**
	neutral	**alle Genera**
Nom.	*das/welches*	*die/welche*
Akk.	*das/welches*	*die/welche*
Dat.	*dem/welchem*	*denen/welchen*
Gen.	*dessen/dessen*	*deren/deren*

In der Regel verwendet man *der, die, das* als Relativpronomen. Das Pronomen *welcher* benutzt man vor allem in schriftlichen Texten, um Wiederholungen zu vermeiden.

Interrogativpronomen

Interrogativpronomen können als Stellvertreter oder Begleiter verwendet werden. Sie sind deklinierbar.
***Wer** ist das? – **Wen** meinst du? – **Welchen** Jungen? – **Was** für einen? – **Was** hast du gesagt?*

wer? benutzt man für Personen, ***was?*** nimmt man bei Sachen. Genus und Numerus spielen keine Rolle.

Deklination von *wer* und *was*

Nom.	*wer?*	*was?*
Akk.	*wen?*	*was?*
Dat.	*wem?*	*wem?*
Gen.	*wessen?*	*wessen?*

Das Pronomen steht oft mit einer Präposition.
***Mit wem** gehst du? **Über wen** redest du?*

Mit ***welcher?*** fragt man nach einer bestimmten Person oder Sache aus einer Menge.

Deklination von *welcher*

	Singular			Plural
	mask.	fem.	neutr.	alle Genera
Nom.	*welcher?*	*welche?*	*welches?*	*welche?*
Akk.	*welchen?*	*welche?*	*welches?*	*welche?*
Dat.	*welchem?*	*welcher?*	*welchem?*	*welchen?*
Gen.	*welches? welchen?*	*welcher?*	*welches? welchen?*	*welcher?*

Mit ***was für ein?*** fragt man nach der Eigenschaft einer Sache oder Person.
***Was für einen** Tee möchten Sie? – Einen schwarzen.*
***Was für eine** Frau ist das? – Eine nette.*

Was für verändert sich nicht. *Ein* wird wie der unbestimmte Artikel dekliniert. Es gibt keine Pluralform, man benutzt dann *welche*.

Präposition

Präpositionen stehen in der Regel vor einem Substantiv, einer Substantivgruppe oder einem Pronomen. Sie bestimmen, ob das Wort oder die Wortgruppe im Akkusativ, Dativ oder Genitiv steht.

Präpositionen mit Akkusativ

bis:	***Bis*** *nächsten Freitag!*
durch:	*Er fährt im Sommer* ***durch*** *Bayern.*
für:	***Für*** *mich bist du die Allerbeste.*
gegen:	*Sie protestieren* ***gegen*** *den Krieg.*
ohne:	*Das Menü bitte* ***ohne*** *die Vorspeise.*
um:	*Alle sitzen gespannt* ***um*** *den Tisch.*
entlang:	*Er geht die Straße* ***entlang****.* (nachgestellt!)

Präpositionen mit Dativ

ab:	***Ab*** *nächster Woche esse ich weniger.*
aus:	*Er geht schon früh* ***aus*** *dem Haus.*
außer:	***Außer*** *ihrer Tante sind alle gekommen.*
bei:	*Du sollst dich* ***beim*** *Chef melden.*
gegenüber:	***Gegenüber*** *der Kirche ist ein Café.*
mit:	***Mit*** *dem Zug bist du am schnellsten.*
nach:	*Ich treffe mich* ***nach*** *der Schule mit Petra.*
seit:	***Seit*** *einem Jahr lebe ich schon hier.*
von:	*Er läuft* ***von*** *der Arbeit direkt heim.*
zu:	*Die Nachbarn sind immer nett* ***zu*** *uns.*

Wechselpräpositionen mit Akkusativ oder Dativ

an:	*Die Kinder wollen* ***an*** *den Strand.* ***Am*** *Strand suchen sie Muscheln.*
auf:	*Er fährt* ***auf*** *die Insel Amrum.* *Am liebsten wäre er* ***auf*** *der Insel.*
hinter:	*Valeria läuft* ***hinters*** *Haus.* *Sie versteckt sich* ***hinter*** *dem Haus.*
in:	*Ich stelle das Buch* ***in*** *das Regal.* *Du findest das Buch* ***im*** *Regal.*
neben:	*Er setzt sich* ***neben*** *mich.* *Ich möchte* ***neben*** *dir sitzen.*
über:	*Er hängt die Lampe* ***über*** *den Tisch.* ***Über*** *dem Tisch hängt eine Lampe.*
unter:	*Der Hund legt sich* ***unter*** *den Tisch.* *Der Hund liegt* ***unter*** *dem Tisch.*
vor:	*Stell bitte den Müll* ***vor*** *die Tür.* *Der Müll steht* ***vor*** *der Tür.*
zwischen:	*Das Kind legt sich* ***zwischen*** *seine Eltern.* *Es schläft* ***zwischen*** *seinen Eltern.*

Wechselpräpositionen haben eine lokale Bedeutung:
Mit ***„wo?"*** fragen Sie nach dem Standort.
Nach der Präposition steht das Substantiv im **Dativ**.
Mit ***„wohin?"*** fragen Sie nach der Richtung:
Das Substantiv steht im **Akkusativ**.

Präpositionen und der folgende Artikel können sich in **Kurzformen** miteinander verbinden.

an dem →	***am***	*an das* →	***ans***
auf das →	***aufs***	*bei dem* →	***beim***
in dem →	***im***	*in das* →	***ins***
von dem →	***vom***	*zu dem* →	***zum***
zu der →	***zur***		

Präpositionen mit Genitiv

Präpositionen mit Genitiv werden in der Alltagssprache eher selten benutzt. Man nimmt stattdessen häufig den Dativ.
Er ist wegen des starken Regens nicht gefahren.
Er ist wegen dem Regen zu Hause geblieben.

Die wichtigsten Präpositionen sind:
außerhalb, innerhalb, statt, trotz, während, wegen

Konjunktion

Konjunktionen verbinden Wörter, Wortgruppen und Sätze miteinander. Es gibt:

Konjunktionen, die Wörter und Wortgruppen verbinden

und, sowie, sowohl … als auch, weder … noch, nicht … sondern, zwar … aber, (entweder) … oder

Muriel will Brot, Butter ***und*** *Käse kaufen.*
Sie hat ***weder*** *Geld* ***noch*** *eine Kreditkarte dabei.*
Das ist ***zwar*** *schade,* ***aber*** *nicht zu ändern.*

Konjunktionen, die Hauptsätze verbinden

aber, denn, oder, und, sondern, doch u. a.

Die Wortstellung bleibt in beiden Sätzen gleich:
Die Sonne scheint. *Die Luft ist klar.*
Die Sonne scheint ***und*** *die Luft ist klar.*

Bei gleichem Subjekt in zwei Sätzen lässt man das Subjekt im 2. Hauptsatz häufig weg:
Ich *bleibe nicht liegen, sondern* ***(ich)*** *stehe auf.*

Konjunktionen, die Haupt- und Nebensätze verbinden

als, als ob, (an)statt dass, bevor, bis, da, damit, dass, falls, nachdem, ob, obwohl, ohne dass, seit, so dass, während, weil, wenn, wie u. a.

Das Verb des Nebensatzes steht immer am Satzende:
Ich mache einen Spaziergang, ***während*** *du schläfst.*
Ich bin froh, ***dass*** *du mich nicht geweckt hast.*

Adverbien als Konjunktionen

Es gibt Adverbien, die wie Konjunktionen Sätze verbinden können: *darum, außerdem, trotzdem, dagegen, sonst, so* u. a.

Sie fordern im Satz eine bestimmte Stellung:

	Hauptsatz	Hauptsatz
Konjunktion	*Ich mache Abendbrot,*	***denn*** *ich habe Hunger.*
Adverb	*Ich habe Hunger,*	***darum*** *mache ich Abendbrot.*

Die Position der Hauptsätze hat gewechselt und das Verb steht direkt hinter dem Adverb.

Satzarten und Positionen im Satz

Satzarten

Es gibt Haupt- und Nebensätze. Hauptsätze können alleine stehen, Nebensätze können dies nicht. Sie sind immer von einem Hauptsatz abhängig.

Hauptsatzarten

Am häufigsten braucht man den **Aussagesatz**. Man kann mit ihm etwas erzählen, berichten oder feststellen: *Ich habe ihn erst gestern kennen gelernt.*

Um eine Auskunft zu erhalten, stellt man einen **Fragesatz**. Man unterscheidet:

- **W-Fragen** (Ergänzungsfragen) beginnen immer mit einem Fragewort: ***w****ann,* ***w****arum,* ***w****eshalb,* ***w****ie, … Woher kennst du mich?*
- Auf **Ja / Nein-Fragen** (Entscheidungsfragen) antwortet man immer mit *ja* oder *nein*.
  Kennen Sie sich bereits? – Ja. / Nein.
  Auf verneinte Ja / Nein-Fragen reagiert man mit *nein* oder *doch*.
  Glaubst du mir nicht? – Nein. / Doch.

Mit einem **Aufforderungssatz** (Imperativsatz) kann man Befehle, Bitten und Wünsche formulieren:
Geben Sie mir die Hand! Bitte, sprechen Sie jetzt!

Nebensatzarten

Viele Nebensätze werden durch **Konjunktionen** eingeleitet (vgl. Konjunktionen).
Ich glaube, ***dass*** *er Fieber hat.*

Nebensätze, die durch ein **Relativpronomen** eingeleitet werden (vgl. Relativpronomen), erklären ein Substantiv oder Pronomen im Hauptsatz näher.
Maurits, ***der*** *heute Geburtstag hat, freut sich sehr.*

Vor dem Relativpronomen kann eine Präposition stehen, die dann dessen Kasus bestimmt:
Das ist Klaus, ***mit dem*** *ich im Urlaub war.*

Nebensätze, die mit **W-Wörtern** *(wer, wen, wessen, was, wann, wo, wohin, woher, wie, warum, welche)* eingeleitet werden, sind meistens indirekte Fragen:
Keiner weiß, ***wohin*** *sie gegangen ist und* ***wen*** *sie getroffen hat.*

Nebensätze mit ***zu*** **+ Infinitiv** haben meist das Subjekt des Hauptsatzes.
Ich habe heute keine Zeit, mit dir ***zu spielen****.*

Oft leiten die Wörter **um, ohne** und **anstatt … (zu)** den Nebensatz ein:
Er fuhr nach Paris, ***um*** *sich die Picasso-Ausstellung an****zu****sehen.* (Zweck)

Positionen des Verbs im Satz

Die Satzart bestimmt, wo das Verb im Satz steht. Es gibt drei feste Verbpositionen:

A. Aussagesatz, W-Frage

1. Position*	2. Pos. (Verb 1)	Mitte (weit. Satzglieder)	Ende (Verb 2)
*Anne und Felix**	***hören***	*Musik.*	
Die Studentin	***hört sich***	*einen Vortrag*	***an.***
Sie	***kann***	*ihn nicht*	***hören.***
Der müde Vater	***hat***	*ihm nicht*	***zugehört.***
Warum	***hast***	*du mir nicht*	***zugehört?***
Was	***willst***	*du*	***hören?***
	Satzklammer		

* Achtung! Mehrere Wörter können zur ersten Position gehören.

B. Aufforderungssatz, Ja / Nein-Frage

1. Position (Verb 1)	Subjekt und weitere Satzglieder	Ende (Verb 2)
Hören	*Sie mich?*	
Hör	*doch endlich damit*	***auf!***
Könntest	*du mich erst mal*	***anhören?***
Satzklammer		

Satzklammer bedeutet, dass Verb 1 und Verb 2 die Elemente der Satzmitte ‚umklammern'.
Verb 1 ist immer das konjugierte Verb, das auf Position 1 oder 2 steht.
Verb 2 bildet immer den Schluss des Satzes. Hier können z.B. trennbare Präfixe, das Partizip II bei Perfekt und Passiv und der Infinitiv bei Modalverben stehen.

C. Nebensatz

Aussagesatz	Nebensatz
Ich habe dich gefragt,	*ob du mich gut* ***hörst****.*
Er ist glücklich,	*dass er wieder* ***hören kann****.*
Das ist der Hund,	*der auf den Namen Balu* ***hört****.*
Ich kann jetzt nicht,	*weil ich ihn Vokabeln* ***abhöre****.**
Weißt du,	*wo der Kurs* ***stattfindet****?*
Du sagst das nur,	*um mich zu* ***beruhigen****.*

* Trennbare Verben werden nicht getrennt!

Im Nebensatz stehen alle Verbteile am Satzende. Bei mehrteiligen Verben bildet immer das konjugierte Verb den Schluss.

Negation im Satz

Nicht steht meist am Ende des Satzes. Es gibt aber Ausnahmen:

Ich	*komme*	***nicht****.*		
Thomas	*ruft*	***nicht***	*an.*	2-teiliges Verb
Er	*ist*	***nicht***	*da.*	*sein* + Adverb
Till	*ist*	***nicht***	*ihr Onkel.*	*sein* + Substantiv
Opa	*ist*	***nicht***	*alt.*	*sein* + Adjektiv
Mutter	*fährt*	***nicht***	*schnell.*	Adverb der Art u. Weise
Sie	*fliegt*	***nicht***	*über Prag.*	Objekt + Präposition

Stellung der Nebensätze

1. Der Nebensatz steht in der Regel nach dem Hauptsatz:
   Wir waren am Strand, als der Sturm kam.
2. Bei Infinitivkonstruktionen mit *um, ohne, anstatt … zu* und einigen Konjunktionen *(da, während, wenn, nachdem, seitdem, obwohl)* kann der Nebensatz aber auch an erster Stelle stehen. Im Hauptsatz steht dann das Verb an erster Stelle:
   Da es regnen soll, ***nehme*** *ich den Schirm mit.*
   Ohne mich zu beachten, ***verließ*** *er den Raum.*
3. Der Nebensatz ist in den Hauptsatz eingeschoben. Das kommt vor allem bei Relativsätzen und Infinitivkonstruktionen vor.
   Der Schirm, den ich mitgenommen habe, hat leider ein Loch.
   Sie las den Brief, um ganz sicher zu sein, noch einmal.